WOLFGANG AMADEUS MOZART

REQUIEM

FOR SATB SOLI, CHORUS AND ORCHESTRA KV 626

VOCAL SCORE BY

F. BRISSLER

Performance material available

C. F. PETERS

FRANKFURT · LONDON · NEW YORK

Among the numerous sacred compositions of superior quality which have become part of the universal literature in music, the Requiem by Mozart has a very special meaning. It is the most accomplished work of art among the Masses of this master and the only Requiem Mass of comparable beauty to give such balance to the contrasting text – the fear of death on the one hand and the hope for God's grace on the other. The seriousness of dying is expressed everywhere, even in the unusual features of the instrumentation; the terror of the Last Judgment is felt keenly in this music, but the horror is kept at a mild level which takes on an ethereal quality in many places, most profoundly in Oro supplex, and which evokes the spirit of Palestrina's time with the tools of modern music. Mozart has subordinated the subjective style of his music to strict liturgical forms but the effect is still one of greatest simplicity.

Wolfgang Amadeus Mozart (born 27 January 1756 in Salzburg, died 5 December 1791 in Vienna) wrote the Requiem – as the mysterious commission of a Count Walsegg of Stuppach who performed the work as his own composition at a memorial service for his late wife – during the year 1791 amidst premonitions of his own death. He did not live to finish the work. The *Sanctus*, *Benedictus* and *Agnus Dei*, as well as the major portion of the *Lacrymosa*, were composed by Xaver Süssmayr, a talented pupil of Mozart who was known for several operas he had written and who had a thorough knowledge of the intentions of the master, possibly even owning some sketches by Mozart which are now lost.

The first performance was arranged in 1792 by Baron van Swieten in Vienna, followed soon by performances in Munich and Prague. By the turn of the century, Mozart's Requiem had become well known throughout Germany, rapidly reaching all music-loving countries, even overseas, and it remained for three decades the only Requiem Mass used on solemn occasions. In Paris, where Cherubini introduced it in 1804, it served as late as 1840 as the official Requiem Mass for the interment of Napoleon. Only in more recent years have masses by other composers taken their place next to the swansong of the Salzburg master.

trans. by Kurt Michaelis

Hermann Kretzschmar

At his death, Mozart left only a single one of all the sections complete and orchestrated:

No. 1. Requiem and Kyrie

The following were complete as far as the vocal parts and the fundamental bass, but with just sketchy instrumentation:

No. 2. Dies irae
No. 3. Tuba mirum
No. 4. Rex tremendae
No. 5. Recordare
No. 6. Confutatis
No. 8. Domine Jesu
No. 9. Hostias

Unfinished:

No. 7. Lacrymosa
(Only the first eight measures are by Mozart himself: bars 1 and 2 in the violins and viola, bars 3-8 in the four voices and the fundamental bass)

Süssmayr independently composed and added:

No. 10. Sanctus
No. 11. Benedictus
No. 12. Agnus Dei
(The first section up to the beginning of the *Lux aeterna* on page 71)

He also completed:

No. 7. Lacrymosa
(from bar 9 to the end),
as well as the orchestration in all sections left incomplete by Mozart.

The conclusion of the entire work (page 71 to the end) is, apart from the changes necessitated by the new text of the vocal parts, a repetition of the first section beginning on page 5, bar 8.

Instrumentation:

2 Basset horns, 2 Bassoons, 2 Trumpets, 3 Trombones, Timpani; Violins I and II, Violas, Cellos, Contrabasses; Organ.

REQUIEM

Requiem aeternam dona eis, Domine, et lux perpetua luceat eis, te decet hymnus, Deus in Sion, et tibi reddetur votum in Jerusalem, exaudi orationem meam, ad te omnis caro veniet. Requiem aeternam dona eis, Domine, et lux perpetua luceat eis.
Kyrie eleison, Christe eleison, Kyrie eleison.

Ewige Ruhe gib ihnen, Herr, und ewiges Licht leuchte ihnen, dir gebühret Lobgesang, Gott in Zion, und Anbetung soll dir werden in Jerusalem, erhöre mein Gebet, zu dir kommt alles Fleisch. Ewige Ruhe gib ihnen, Herr, und ewiges Licht leuchte ihnen. Herr erbarme dich! Christe erbarme dich! Herr erbarme dich!

Dies irae, dies illa solvet saeclum in favilla, teste David cum Sybilla.
Quantus tremor est futurus, quando judex est venturus, cuncta stricte discussurus.

Tag des Zornes, Tag der Klage, der die Welt in Asche wandelt, wie Sybill' und David zeuget. Welches Zagen wird sie fassen, wenn der Richter wird erscheinen, Recht und Unrecht streng zu richten.

Tuba mirum spargens sonum per sepulchra regionum, coget omnes ante thronum.
Mors stupebit et natura, cum resurget creatura, judicanti responsura.
Liber scriptus proferetur, in quo totum continetur, unde mundus judicetur.
Judex ergo cum sedebit, quidquid latet apparebit, nil inultum remanebit.
Quid sum miser tunc dicturus? quem patronum rogaturus, cum vix justus sit securus?

Die Posaune, wundertönend durch die grabgewölbten Hallen, alle vor den Richter fordert. Tod und Leben wird erbeben, wenn die Welt sich wird erheben, Rechenschaft dem Herrn zu geben. Ein geschrieben Buch erscheinet, darin alles ist enthalten, was die Welt einst sühnen soll. Wird sich dann der Richter setzen, tritt zu Tage was verborgen, nichts wird ungerächt verbleiben. Was werd', Armer, ich dann sprechen? welchen Mittler soll ich rufen, da selbst der Gerechte zittert?

Rex tremendae majestatis, qui salvandos salvas gratis, salva me, fons pietatis.

Herr, dess' Allmacht Schrecken zeuget, der sich fromm den Frommen neiget, rette mich, Urquell der Gnade!

Recordare Jesu pie, quod sum causa tuae viae, ne me perdas illa die.
Quaerens me sedisti lassus, redemisti crucem passus, tantus labor non sit cassus.
Juste judex ultionis, donum fac remissionis ante diem rationis.
Ingemisco tanquam reus, culpa rubet vultus meus, supplicanti parce, Deus.
Qui Mariam absolvisti, et latronem exaudisti, mihi quoque spem dedisti.
Preces meae non sunt dignae, sed tu, bonus, fac benigne, ne perenni cremer igne.
Inter oves locum praesta, et ab hoedis me sequestra, statuens in parte dextra.

Ach! gedenke, treuer Jesu, daß du einst für mich gelitten, laß mich jetzt nicht untergehen! Müde, hast du mich gesuchet, Kreuzestod auf dich genommen, laß die Müh' nicht fruchtlos werden. Richter im Gericht der Rache, laß vor dir mich Gnade finden, eh' der letzte Tag erscheinet. Schuldig seufze ich und bange, Schuld errötet meine Wange, Herr, laß Flehen dich versöhnen! Der Marien hat erlöset, und erhöret hat den Schächer, mir auch Hoffnung hat gegeben. All mein Flehen ist nicht würdig, doch, du Guter, übe Gnade, laß mich ewig nicht verderben. Laß mich unter deiner Herde, von der Strafe freigesprochen, dann zu deiner Rechten stehn.

8337

Confutatis maledictis, flammis acribus addictis, voca me cum benedictis.
Oro supplex et acclinis, cor contritum quasi cinis, gere curam mei finis.

Wenn Empörung, Fluch und Rache wird gebüßt in heißen Flammen, o! dann rufe mich zu dir! Flehend demutvoll ich rufe, und mein Herz beugt sich im Staube: sorgend denk' ich der Erlösung!

Lacrymosa dies illa, qua resurget ex favilla judicandus homo reus.
Huic ergo parce Deus, pie Jesu Domine, dona eis requiem! Amen!

Tränenvollster aller Tage, wenn die Welt der Asch' entsteiget, sündvoll sich dem Richter neiget: Herr, dann wolle ihr verzeihen! treuer Jesu, Weltenrichter, sel'ge Ruhe ihr verleihen! Amen!

Domine Jesu Christe! Rex gloriae! Libera animas omnium fidelium defunctorum de poenis inferni et de profundo lacu!
Libera eas de ore leonis, ne absorbeat eas Tartarus, ne cadant in obscurum: sed signifer sanctus Michael repraesentet eas in lucem sanctam, quam olim Abrahae promisisti, et semini ejus.

Herr Jesu Christ! König der Ehren! Befreie die Seelen aller treuen Abgeschiedenen von den Strafen der Hölle und von dem tiefen Abgrunde. Errette sie aus dem Rachen des Löwen, daß die Hölle sie nicht verschlinge, und sie nicht fallen in die Tiefe: sondern das Panier des heiligen Michael begleite sie zum ewigen Lichte, welches du verheißen hast Abraham und seinem Geschlechte.

Hostias et preces tibi, Domine, laudis offerimus. Tu suscipe pro animabus illis, quarum hodie memoriam facimus: fac eas, Domine, de morte transire ad vitam, quam olim Abrahae promisisti, et semini ejus.

Opfer und Gebet bringen dir, Herr, lobsingend wir dar. Nimm es gnädig an für jene Seelen, deren wir heut gedenken: Laß sie, o Herr, vom Tode zu dem Leben übergehen, welches du verheißen hast Abraham und seinem Geschlechte.

Sanctus, sanctus, sanctus Dominus Deus Sabaoth! pleni sunt coeli et terra gloria tua.
Osanna in excelsis.

Heilig, heilig, heilig ist der Herr Gott Zebaoth! Voll sind Himmel und Erde deiner Ehre! Hosanna in der Höhe!

Benedictus, qui venit in nomine Domini.
Osanna in excelsis.

Gesegnet sei, der da kommt im Namen des Herrn! Hosanna in der Höhe!

Agnus Dei, qui tollis peccata mundi, dona eis requiem.
Agnus Dei, qui tollis peccata mundi, dona eis requiem sempiternam.
Lux aeterna luceat eis, Domine, cum sanctis in aeternum, quia pius es.
Requiem aeternam dona eis, Domine, et lux perpetua luceat eis.

Lamm Gottes, das du trägst die Sünde der Welt, schenke ihnen Ruhe. Lamm Gottes, das du trägst die Sünde der Welt, schenke ihnen ewige Ruhe. Ewiges Licht leuchte ihnen, Herr, mit allen deinen Heiligen in Ewigkeit, denn du bist ewig gut. Ewige Ruhe gib ihnen, Herr, und ewiges Licht leuchte ihnen.

Nº 1. Requiem.

Adagio.
Klavier-Auszug von F. Brissler.
Corni di Bassetto.
PIANO.
Fag.
p
Soprano.
Alto.
Tenore.
Basso.
A
Tutti. f
Re -
Tutti. f
Re - qui-em ae -
Viol.
A
f Tromboni.
Fag.
Tutti. f
Re - qui-em ae-ter - - nam do-na e - is,
Tutti. f
Re - qui-em ae ter - nam do - na e - is, Do - - - -
- qui-em ae-ter - - - nam do - na e - is, Do - - mine!
ter - - nam, ae- ter - nam do - na e - is, do - na,
Corni di Bassetto
m. d.
m. s.

Do-mi-ne! re - qui - em ae - ter - - nam do-na e - is, Do-mine!

- mi-ne! do-na, do - na e - - is, Do-mine! do-na e - is, Do - mine!

re - quiem ae-ter - - nam do - na e - is, Do-mine e - is, Do - mine!

do-na e - is, Do-mine! re-qui - em ae - ter-nam do-na e - is, Do - mine!

Trombe, Timp. *m.d.*

B

p

et lux perpe - tua, et lux perpe - tu-a lu-ceat, lu - ce-at e - - -

et lux perpe - tua, et lux perpe - tu-a lu-ceat, lu - ce-at e - - -

et lux perpe - tua, et lux perpe - tu-a lu-ceat, lu - ce-at e - - -

et lux perpe - tua, et lux perpe - tu-a lu-ceat, lu - ce-at e - - -

B

Fag., Corni di B.

p

Solo.

is! Te de - - cet hym -

is!

is!

is!

Viol.

nus, De - us in Si - on,
et ti - bi red - de - tur
vo - tum in Je - ru - sa - lem.
C
Tutti. f
Ex - au - di
Tutti. f
Ex - au - di, ex - au - di,
Tutti. f
Ex - au - di, ex - au - di, ex -
Tutti. f
Ex - au - di, ex - au - di, ex -
C
Corni di B.
o - ra - ti - o - nem me - am!
ex - au - di o - ra - ti - o - nem me - am! ad te,
au - di o - ra - ti - o - nem me - am! ad te, ad
au - di, ex - au - di o - ra - ti - o - nem me - am! ad te, ad

ad te om - nis ca - ro ve - - ni - et.
ad te om - nis, om - nis ca - ro ve - ni - et.
te om - - - - nis, om - nis ca - ro ve - - ni - et.
te, ad te om - nis, om - nis ca - - ro ve - - ni - et.
Corni di B.
D
Do - na, do - na e - - is,
Re -
Re - - qui - em ae - ter - - - - - -
Viol.
D
Do - na, do - - na e - - - - - - is, Do - mine! do - - na.
Do mine! do - na, do - na e - - - is re - - qui - em ae - ter - -
- qui - em ae - ter - - - nam do - - na, do - - na
nam do - na, do - - na e - is, e - is

do- - - -na e-is re- - -qui-em ae-ter- - - - - -
- - - - -'-nam, do-na e-is, Do-mi-ne! do-na
e- - - -is, do- - - - -na e-is, do- - - - - -
Do- -mi-ne! do- - -na, do- - -na
- - -nam, ae-ter- - - - - - - - -nam, ae-ter- - - - -
e- -is, do- -na e- - -is, do- - - -
na, do- - - - -na, do- - - - -
e- - - - -is, do- - -na e- - - - -is, do- - - - -
E
nam! et lux per-pe- - -tu-a, et lux per-pe- - -tu-a
na! et lux per- -pe- -tu-a, et lux per-
na! et lux per- -pe- -tu-a, et lux per-
na! et lux per- -pe- -tu-a, et lux per-
E
Blasinstr.

Edition Peters

F
i - son, e - le - i - son, e - le -
f
Ky - ri - e e - le - i - son, e -
i - son, e - le - i - son!
e e - le - i - son, e - le - i - son! Christe e - le -
F
i - son, e - le - i - son! Christe e -
le - i - son, e - le - i - son,
Ky - ri - e e - le - i -
i - son, e -
G
le -
e - le - i - son, e - le - i - son, e -
son, e - le -
le - i - son, e - le - i - son, e - le - i - son,
G

Edition Peters

I
Ky - ri -
le - - - - - - - - - - - - - - - i -
son, e - le - - - - - - - - - - - - - - - - - - i -
son, e - le - - - - - - - - - - - - - - - - - - - i -
I
e e - le - - i - son, e - le - - - - - - - - i -
son, e - le - i - son, e - le - - - - - - - - - - - - i - son!
son! Christe e - le - - - - - - i - son! Christe e -
son, e - le - i - son! Ky - - ri - e e - le - - i -
K
son, e - le - - - - i - son, e - le - - i - son,
Ky - ri - e e - le - i -
le - - - - - - - - - - - - i - son, e - le - i - son!
son, e - le - - - - - - - i - son! Christe e -
K

L
e - le - - - - i - son!
Chri - ste e -
son!
Chri - ste e - le - - - - - i -
Chri - ste e - le - - - - - - i - son, e - le - - - - i -
le - - - - - - i - son, e - le - - - - i - son!
L
le - - - - - - i - son, e - le - - - - i - son!
son, e - le - - - - i - son! Ky - ri - e e - lei - son, e - le - - -
son, e - le - i - son! Ky - ri - e, Ky - ri - e e - le - i -
Chri - ste e - le - - - - - i - son! Ky - ri - e e -
Trombe, Timp.
M
Christe e - le - - - - - - - - - - - i - son, e -
- - i - son, e - lei - - son! Ky - ri - e e -
son! Ky - ri - e e - le - i - son, e - le - - - - i - son, e -
le - i - son, e - le - - - - - - - - i - son, e -
M

N
le - i - son, e - le - i - son! Chri - ste e -
le - i - son! Ky - ri - e e - le - - i - son, e - le - - i -
le - i - son, e - le - i - son, e - le - - - - - - - - - - i - son, e -
le - i - son! Chri - ste e - le - - - - - - - i -
N
le - - - - - - i - son! Chri - ste e - le - - - - - - -
son! Chri - ste e - le - - - - - - i - son! Ky - ri - e, Ky - ri -
le - i - son, e - le - i - son, e - le - i - son! Ky - ri - e, Ky - ri -
son, e - le - i - son, e - le - i - son, e - le - i - son, e - le - - i - son, e - le -
Adagio.
- i - son, e - le - - i - - son! Ky - ri - e e - - le - - i - - son!
e — e - - le - - - i - son! Ky - ri - e e - - le - - - i son!
e e - - le - - - i - son! Ky - ri - e e - - le - - i - - son!
- i - son, e - le - - - i - son! Ky - ri - e e - - le - - - i - - son!
Trombe, Timp.
Adagio.

№ 2. Dies irae.

Edition Peters

tre - mor est fu - tu - - - rus, quan - - - - - - do
tre - mor est fu - tu - - - rus, quan - - - - - - do
quan - - - - tus tre - mor est fu - tu - - - - - rus,
tre - mor est fu - tu - - - rus, quan - - - - - - do
ju - dex est ven - tu - - - rus, cun - - - cta
ju - dex est ven - tu - - - rus, cun - - - cta
quan - - - - do ju - dex est ven - tu - - rus, cun - - - cta
ju - dex est ven - tu - - rus, cun - - - cta
stri - - - cte dis - cus - su - - - rus.
stri - - - - cte dis - cus - su - - - rus.
stri - cte stri - cte dis - cus - su - - - rus.
stri - - - cte dis - cus - su - - - rus.
Streichinstr.

P
Di - - - es
Di - - - es
Di - - - es
Di - - - es
P Tutti.
i - rae
di - - - - es
il - la solvet saeclum in fa-
vil - la te - ste Da - vid cum Sy - bil - la.
vil - la te - ste Da - vid cum Sy - bil - la.
vil - la te - ste Da - vid cum Sy - bil - la.
vil - la te - ste Da - vid cum Sy - bil - la.
tr

Q
Quan - - - tus tre - mor est fu -
Quan - - - tus tre - mor est fu -
Quan - - - tus tre - mor est fu -
Quan - - - tus tre - mor est fu -
Q
tu - - rus quan - - - - - do ju - dex est ven -
tu - - rus quan - - - - - do ju - dex est ven -
tu - - rus quan - - - - - do ju - dex est ven -
tu - - rus quan - - - - - do ju - dex est ven -
tu - rus, cun - - cta stri - - cte
tu - rus, cun - - cta stri - - cte
tu - rus, cun - - cta stri - - cte
tu - rus, cun - - cta stri - - cte

R
dis - - cus - - - su - rus Di - es
dis - - cus - - - su - rus Di - es
dis - - cus - - - su - rus Di - es
dis - - cus - - - su - rus. Quantus tre - mor est fu - tu - rus.
R
sf
i - rae, di - es il - la, di - es
i - rae, di - es il - la, di - es
i - rae, di - es il - la, di - es
quantus tre - mor est fu - tu - rus
sf
S
i - rae, di - es il - la, quan - tus
i - rae, di - es il - la, quan - tus
i - rae, di - es il - la, quan - tus
quantus tre - mor est fu - tu - rus, quan - tus
S
sf

tre - mor est fu - tu - rus, quan-do ju - dex est ven -
tre - mor est fu - tu - rus, quan-do ju - dex est ven -
tre - mor est fu - tu - rus, quan-do ju - dex est ven -
tre - mor est fu - tu - rus, quan-do ju - dex est ven -
tu - rus, cuncta stri - cte dis - cus - su - rus.
tu - rus, cuncta stri - cte dis - cus - su - rus.
tu - rus, cuncta stri - cte dis - cus - su - rus.
tu - rus, cuncta stri - cte dis - cus - su - rus.
T
cun - - eta stri - cte, stri - cte
cun - - cta stri - cte, stri - cte
cun - - cta stri - cte, stri - cte
cun - - cta stri - cte, stri - cte
T

dis - cus - su - - - rus, cun - - - cta stri - cte,
dis - cus - su - - - rus, cun - - - cta stri - cte,
dis - cus - su - - - rus, cun - - - cta
dis - cus su - - - rus, cun - - cta
stri - cte dis - cus - su - - - rus.
stri - cte dis - cus - su - - - rus.
stri - cte, stri - cte dis - cus - su - - - rus.
stri - cte, stri - cte dis - cus - su - - - rus.

Nº 3. Tuba mirum.

Edition Peters

tu-rus? cum vix ju-stus, ju-stus sit se-

mfp

Sopr. Solo. d *sotto voce*

cu - rus? cum vix ju-stus, ju-stus sit se-

Alto Solo. *sotto voce*

cum vix ju-stus, ju-stus sit se-

Ten. Solo. *sotto voce*

cum vix ju-stus, ju-stus sit se-

Basso Solo. *sotto voce*

cum vix ju-stus, ju-stus sit se-

d Fag., Corni di B.

sfp *sfp*

f *p* *cresc.* *f*

cu-rus, cum vix ju-stus, vix ju-stus sit se - cu- - -rus?

f *p* *cresc.* *f*

cu-rus, cum vix ju-stus, vix ju-stus sit se - cu- - -rus?

f *p* *cresc.* *f*

cu-rus, cum vix ju-stus, vix ju-stus sit se - cu- - rus?

f *p* *cresc.* *f*

cu-rus, cum vix ju-stus, vix ju-stus sit se - cu- - - rus?

f *p* *cresc.* *f* *p*

Nº 4. Rex tremendae.

sta - - - - - - tis, rex tre men - - - - - - dae ma - je -
- tis, rex tre - men - - - - - - dae ma - je - sta - - - - - -
gra - tis, qui sal van - dos sal - vas gra - -
sal - vas gra - tis, sal - vas gra - - - - -
V
sta - tis, rex tre - men - dae ma - je - sta - tis, qui sal -
tis, rex tre - men - dae ma - je - sta - tis,
- tis, rex tre - men - dae ma - je - sta - tis, rex tre - men - - - - -
tis, rex tre - men - dae ma - je - sta - tis, rex tre -
V
van - dos sal - vas gra - tis, rex tre - men - -
qui sal - van - dos sal - vas gra - tis,
- dae ma - je - sta - - - - - - tis, rex tre - men - - - - -
men - - - - - dae ma - je - sta - - - - - - - tis, rex tre -

W
W
-dae, rex tre-men-dae ma-je-sta-tis, qui sal-van-dos sal-vas gra-tis,
rex tre-men-dae ma-je-sta-tis, qui sal-van-dos sal-vas gra-tis,
men-dae, rex tre-men-dae ma-je-sta-tis, qui sal-van-dos sal-vas gra-tis,
sal-va me!
sal-va me, fons pi-e-ta-tis!

Nº 5. Recordare.

sum cau - - - - - - - sa tu - ae vi - - -

quod sum cau - - - sa tu - - ae vi - - -

tr tr

g

ae, ne me per - das il la di - - - e,

ne me per - - das,

ae, ne me per - das il - la di - - - e,

ne me per - das il - la di - - e, ne me

g Corni di B.

ne me per - das il - la di - e!

ne me per - das il - la di - e!

ne me per - das il - la di - e!

per - das, per - das il - la di - e!

Viol.

mf

Vcello.

h
Se - dis - ti
Se - dis - ti
Quae - rens me,
Quae - rens me,
h
p
las - sus, cru - cem pas - sus,
las - sus, cru - cem pas - sus,
re - de - mi - sti
re - de - mi - sti
i
tan - tus la - bor non sit cas - sus, tan - tus la-bor
tan - tus la - bor non sit cas - sus, tan - tus la-bor
tan - tus la - bor non sit cas - sus, tan - tus la-bor
tan - tus la - bor non sit cas - sus, tan - tus la-bor
i Corni di B.

k
non sit cas - sus!
Ju - ste ju - dex
non sit cas - sus!
non sit cas - sus!
Ju - ste ju -
non sit cas - sus!
k
mf
p
Vcello.
ul - ti - o - nis, do - num fac re - mis - si - o - nis,
- dex ul - ti - o - nis, do - num fac re - mis - si - o - nis,
an - te
l
an - te di - em ra - ti - o - nis, an - te
an - te di - em, an - te
an - te di - em ra - ti - o - nis, an - te
di - em ra - ti - o - nis, an - te di - em,
l Corni di B.

Edition Peters

n

can - ti par - ce, De - us! qui Ma - ri - am ab - sol - vi - sti,

can - ti par - ce, De - us!

can - ti par - ce, De - us! et la - tro - nem ex - au -

can - ti par - ce, De - us!

n

mi - hi quo - que spem de - di - sti, mi - hi quo - que spem de - di - sti.

mi - hi quo - que, mi - hi quo - que spem de - di - sti, spem de - di - sti.

di - sti, mi - hi quo - que, mi - hi quo - que spem de - di - sti.

mi - hi quo - que spem de - di - sti.

fp

O

Pre - - - ces me - - - - ae non sunt di - -

Pre - - - - - ces me - ae non sunt di - -

O Corni di B.

sed ___ tu bo - - - - - - - - nus, fac ___ be -

gnae,

sed ___ tu bo - - - - - - - nus, fac be -

gnae,

ni - - - - gne, ne per - en - ni cre - mer i - gne!

ne per - en - ni cre - mer i - gne!

ni - - - - gne, ne per - en - ni cre - mer i - gne!

ne per - en - ni cre - mer i - gne!

f sf sf p

p

in - ter o - - ves lo - cum prae - - sta

in - ter o - - ves lo - cum prae - - sta

in - ter o - - ves lo - cum prae - - sta

p

in - ter o - ves lo - cum prae - sta et ab

p

q
et ab hoe-dis me se-que-stra, sta-tu-ens in
et ab hoe-dis me se-que-stra, sta-tu-ens in
et ab hoe-dis me se-que-stra, sta-tu-ens in
hoe-dis, ab hoe-dis me se-que-stra, sta-
q
par-te dex-tra, sta-tu-ens in par-
par-te dex-tra, sta-tu-ens in par-
par-te dex-tra, sta-tu-ens in par-
-tu-ens in par-te dex-tra, sta-tu-ens in par-
-te dex-tra!
-te dex-tra!
-te dex-tra!
-te dex-tra! Viol.
mf
tr

Nº 6. Confutatis.

vo - - ca me, vo - - ca me cum be-ne - di - - ctis!

vo - - ca me, vo - - ca me cum be-ne - di - - ctis!

Con - fu-

Tromb.

B

Con - fu-ta - - tis ma - le-di - - ctis,

ta - - tis ma - le - di - - ctis, flam - mis

B

flam - - - mis a - cri-bus ad - di - ctis, con - fu-ta - tis ma - le-

a - cri-bus ad-di - ctis, con - fu - ta - tis ma - le-di - ctis, ma - le-

C
sotto voce
Vo - - - - ca, vo - - ca me cum bene
sotto voce
Vo - - - - ca, vo - - ca me.
di - ctis, flam-mis a - cribus ad - di - ctis.
di - ctis, flam-mis a - cribus ad - di - ctis.
Corni di Bassetto.
C
p
Viol.
di - ctis, cum be - ne - di - ctis, vo - - - ca me, vo - ca me,
vo - - ca me cum bene - di - - ctis, vo - - - ca me. vo - - ca
vo - - ca me cum be - ne - di - - - - - - - ctis!
me cum be - - ne - di - - - - - - - - ctis!
Corni di B., Fag., Tromb.

D

p

O - - ro sup - - plex et ac - - -

O - - ro sup - - plex et ac - - -

O - - ro sup - - plex et ac - - -

O - - - - - - - - - - ro sup - - plex et ac - - -

D

cli - - - - - - - - - - - - - nis,

cli - - - - - - - - - - - - - nis,

cli - - - - - - - - - - - - - nis,

cli - - - - - - - - - - - - - nis,

E

cor con - - tri - - tum qua - - si

cor con - - tri - - tum qua - - si

cor con - - tri - - tum qua - - si

cor con - - tri - - tum qua - - si

E

F
ci - - - - - - - - - - - - nis. Ge - re
ci - - - - - - - - - - - - nis. Ge - re
ci - - - - - - - - - - - - nis. Ge - re
ci - - - - - - - - - - - - nis. Ge - - - - - re
F
cu - - - - ram, ge - re cu - ram me - i
cu - - - - ram, ge - re cu - ram me - i
cu - - - - ram, ge - re cu - ram me - i
cu - - - - - - - - ram, cu - - - - - - ram me - - - i
fi - - - - - - - - - - - - nis!
fi - - - - - - - - - - - - nis!
fi - - - - - - - - - - - - nis!
fi - - - - - - - - - - - - nis!
attacca:

Nº 7. Lacrymosa.

Larghetto.

Soprano. Alto. Tenore. Basso.

p La - crymo - sa

Larghetto.

Piano. *p*

Corni di B., Fag.

Soprano: di - es il - la, qua re - sur - get ex fa - vil - la

Alto: di - es il - la, qua re - sur - get ex fa - vil - la

Tenore: di - es il - la, qua re - sur - get ex fa - vil - la

Basso: di - es il - la, qua re - sur - get ex fa - vil - la

e Tromboni.

cresc. ju - di - can - dus *f* ho - mo re - us.

G *sotto voce* La - cry - mo - sa

cresc. *f* *p*

di - es il - la. qua re-sur-get ex fa-vil - la
di - es il - la, qua re-sur-get ex fa-vil - la
di - es il - la, qua re-sur-get ex fa-vil - la
di - es il - la, qua re - sur - get ex fa - vil - la
H
ju - di-can - dus ho - mo re - us. Hu - ic er - go
ju - di-can - dus ho - mo re - us. Hu - ic er - go
ju - di-can - dus ho - mo re - us. Hu - ic er - go
ju - di - can - dus ho - mo re - us. Hu - ic er - go
H
par - ce De - us, pi - e Je - su, Je - su Do - mi - ne!
par - ce De - us, pi - e Je - su, Je - su Do - mi - ne!
par - ce De - us, pi - e Je - su, Je - su Do - mi - ne!
par - ce De - us, pi - e Je - su, Je - su Do - mi - ne!
Corni di Bassetto.

Do - na e - is re - quiem!
Do - na e - is re - quiem!
Do - na e - is re - quiem!
Do - na e - is re - quiem!
do - na e - is, do - na e - is re -
do - na e - is, do - na e - is
do - na e - is, do - na e - is re -
do - na e - is, do - na e - is. re -
qui em! A - men!
qui em! A - men!
qui em! A - men!
qui em! A - men!
trem.

Nº 8. Domine Jesu.

ni, de poe-nis in-fer - - - - - - - - - ni et de pro-fun - - - - do
ni, de poe - nis in-fer - - - - ni et de pro-fun - - - do
ni, de poe - nis in - fer - - - - ni et de pro-fun - do
ni, de poe - nis in-fer - ni et de pro-fun - do
la - - - - - - cu!
la - - - - - - cu!
la - - - - - - cu!
la - - - - - - - cu!
L
Li - be-ra, li - be-ra
Li - be-ra
Li - be-ra
Li - be-ra
e - - - - as de o - re le - o - nis! Li - be-ra, li - be-ra
e - - - - as de o - re le - o - nis! Li - be-ra
e - - - - as de o - re le - o - nis! Li - be-ra
e - - - - as de o - re le - o - nis! Li - be-ra
Tutti.
f
p

M
e- - - - -as de o- -re le-o- -nis!
e- - - - -as de o- -re le-o- -nis!
e- - - - -as de o- -re le-o- -nis! Ne ab-sor-be-at e-as
e- - - - -as de o- -re le-o- -nis.
M Corni di Bass. e Fag.
Ne ab-sor-beat e-as tar-tarus, ne ca-dant in ob-
tar-tarus, ne cadant in ob-scurum, ne cadant, ne cadant in ob-scu-
N
Ne ab-sor-beat e-as tar-tarus, ne cadant in ob-scurum, ne cadant.
scurum, ne cadant, ne ca-dant in ob-scu- -rum, ne cadant, ne
rum, ne cadant, ne ca-dant, ne cadant in ob-scurum; ne cadant, ne
Ne ab-sor-beat e-as
N

ne ca-dant in ob-scu - rum, ne ca-dant, ne cadant

ca-dant, ne ca-dant in ob-scu-rum, ne ca-dant, ne cadant

ca-dant, ne ca-dant in ob-scu-rum, ne ca-dant, ne cadant

tar-tarus, ne ca-dant in ob-scu-rum, ne ca-dant in ob-

p in ob-scu - rum: Solo. sed sig-nifer sanc-tus Mi-chael re-praesentet e-

p in ob-scu - rum: Solo. sed sig-nifer sanctus

p in ob-scu - rum:

scu - rum:

Streichinstr.

as in lu-cem san-ctam, reprae-sentet, re-

Mi-chael re-praesentet e- - - as in lu-cem san-ctam, reprae-

Solo. sed sig-nifer sanc-tus Mi-chael re-praesentet e- - - as, reprae-

Solo. sed sig-nifer sanctus Mi-chael reprae-

-praesentet e - - as in lucem san - - - - - ctam,
sen - tet, reprae - sen-tet e - - - - as in lucem san - - - - ctam,
sen - tet e - - as in lu - - cem san - - - ctam,
sen-tet e - as, re - - prae-sentet e - as in lucem san - - - ctam,
f
O
Tutti.
f
quam olim A - brahae pro - - mi -
Tutti.
f
quam olim A - brahae pro - - mi - si - - sti et - se-mi-ni e - - jus
O
Tutti.
Tutti.
f
quam o-lim
Tutti.
f
quam o-lim A - brahae pro - - mi - si - sti
si - - sti, quam o-lim A - brahae et semini e - - jus pro - mi -
quam o-lim A - brahae pro - - mi - si - - sti, pro - - mi - - si-sti,

P
A - brahae pro - mi - si - sti, quam o-lim A - brahae pro - mi -
et se-mi-ni e - jus, quam o-lim A - brahae pro - mi - si - sti
si - sti, pro - mi - si-sti,
P
si - sti,
et se-mi-ni e - jus, quam o-lim A - brahae
quam o-lim A - brahae pro - mi - si - sti,
pro - mi - si - sti
quam o-lim
et se-mi-ni e - jus,
Q
et se-mini e - jus, quam o-lim
et semi-ni e - jus pro - mi - si - sti, quam o-lim
A - brahae pro - mi - si - sti, quam o-lim A - brahae, quam o-lim
et semi-ni e - jus, quam o-lim A - brahae
Q

R
A - brahae pro - mi - - si-sti, pro-mi - si - - - - sti, quam o-lim A - brahae
A - brahae pro - mi - - si-sti, pro-mi - si - - - - sti, quam o-lim
A - brahae pro - mi - - si-sti, pro-mi - si - - - - sti, quam o-lim
pro - mi - si - sti, pro - mi - si - - - - sti, quam o-lim
R
pro - mi - si - sti, quam o-lim A - brahae pro - mi - si - sti
A - brahae pro - mi - - si - sti, quam o-lim A - brahae pro - mi -
A - brahae pro - mi - - si - sti, quam o-lim A - brahae pro - mi -
A - brahae pro - mi - - si - sti, quam o-lim A - brahae pro - mi -
S
p
et se - - - mi-ni e - - - jus, et se - - - - -
si - sti et se - mi-ni e - - - jus, et
si - sti et se - mi-ni e - - - jus,
si - sti et se - mi-ni e - - - jus, et
S
Viol.
p

mi-ni e- jus, et se-mi-ni e-
se- mi-ni, se-mi-ni e-
et se- mi-ni, se-mi-ni e-
se- mi-ni, se-mi-ni e-
T
jus, quam o-lim A-brahae pro-mi-si-sti, quam o-lim
jus, quam o-lim A-brahae pro-mi-si-sti, quam o-lim
jus, quam o-lim A-brahae pro-mi-si-sti, quam o-lim
jus, quam o-lim A-brahae pro-mi-si-sti, quam o-lim A-brahae promi-
T Tutti.
A-brahae promi-si-sti et se-mi-ni e-jus.
A-brahae promi-si-sti et se-mini, se-mi-ni e-jus.
A-brahae promi-si-sti et se-mini, se-mi-ni e-jus.
si-sti, promi-si-sti et se-mini, se-mi-ni e-jus.

Nº 9. Hostias.

Larghetto.
Soprano.
Alto.
Tenore.
Basso.
Tutti.
p
Hostias et preces tibi Domine! tibi Domine! laudis offerimus; tu suscipe pro animabus illis, quarum hodie me-
Larghetto.
Corni di B., Fag.
Piano.
U
V

W
mo - riam fa - ci - mus! Ho - sti-
ho - di-e me-mo - ri-am fa - ci - mus! Ho - sti-
ho - di-e me-mo - ri-am fa - ci - mus! Ho - sti-
ho - di-e me-mo - ri - am fa - ci - mus! Ho - sti-
X
as et pre - ces ti - bi Do - mi-
ne! lau - dis of - fe - ri - mus; tu sus - ci-pe
Y
cresc.

p pro a - ni - ma - bus il - - lis, *f* qua - rum ho - di - e, ho - di - e me -

p pro a - ni - ma - bus il - - lis, *f* qua - rum ho - di - e, me - mo - ri - am

p pro a - ni - ma - bus il - - lis, *f* qua - rum ho - di - e, me - mo - ri - am

p pro a - ni - ma - bus il - - lis. *f* qua - rum ho - di - e, ho - di - e me -

f

mo - ri - am fa - ci - mus. **Z** *p* Fac e - - as,

fa - - - - - ci - mus. *p* Fac e - - as,

fa - - - - - ci - mus. *p* Fac e - - as,

mo - - - riam fa - ci - mus. *p* Fac e - - as,

Viol. **Z** *p*

Do - mine! de mor - - te trans - i - re ad vi - - tam,

Do - mine! de mor - te trans - i - - - re ad vi - - tam,

Do - mine! de mor - - te trans - i - re ad vi - - tam,

Do - mine! de mor - - te trans - i - re ad vi - - tam,

Andante.

f

quam o-lim A-brahae pro-mi-

f

quam o-lim A-brahae pro-mi-si-sti et se-mi-ni e-jus,

Andante. con Tromboni.

f

f

quam o-lim

f

quam o-lim A-brahae pro-mi-si-sti

si-sti, quam o-lim A-brahae et se-mini e-jus pro-mi-

quam o-lim A-brahae pro-mi-si-sti, pro-mi-si-sti,

A

A-brahae pro-mi-si-sti, quam o-lim A-brahae pro-mi-

et se-mi-ni e-jus, quam o-lim A-brahae pro-mi-si-sti,

si-sti, pro-mi-si-sti,

A

si - - sti,
et se - mi - ni e - - jus, quam o - lim
quam o - lim A - brahae pro - - mi - si - - sti,
et se - mi - ni

B

pro - - mi - si - - sti
A - bra - hae et se - mi - ni e - - jus
quam o - lim A - bra - hae pro - - mi -
e - - jus,

B

et se - mi - ni e - - - jus, quam o - lim
pro - - mi - - si - - sti, quam o - lim
si - - sti, quam o - lim A - bra - hae, quam o - lim
et se - mi - ni e - - jus, quam o - lim A - bra - hae

C
A - brahae pro - mi - si - sti, promi - si - - - sti, quam o - lim A - brahae
A - brahae pro - mi - si - sti, promi - si - - - sti, quam o - lim
A - brahae pro - mi - si - sti, promi - si - - - - sti, quam o - lim
pro - mi - si - sti, pro - mi si - - - - sti, quam o - lim
C
pro - mi - si sti, quam o - lim A - brahae pro - mi - si - sti
A - brahae pro - mi - si - sti, quam o - lim A - brahae pro - mi -
A - brahae pro - mi - si - sti, quam o - lim A - brahae pro - mi -
A - brahae pro - mi - si - sti, quam o - lim A - brahae pro - mi -
D
p
et se - - - mi - ni e - - - jus, et se - - - - -
si - sti et se - mi - ni e - - - jus, et
si - sti et se - mi - ni e - - - jus,
si - sti et se - mi - ni e - - - jus, et
D
Viol.
p

mini e - jus, et se - mi-ni e -
se - mi-ni, se - mi-ni e -
et se - mi-ni, se - mi-ni e -
se - mi-ni. se - mi-ni e -
E
jus, quam o-lim A - brahae pro - mi - si - sti, quam o-lim
jus, quam o-lim A - brahae pro - mi - si - sti, quam o-lim
jus, quam o-lim A - brahae pro - mi - si - sti, quam o-lim
jus, quam o-lim A - brahae pro - mi - si - sti, quam o-lim Abrahae promi -
E Tutti.
Abrahae promi - si - sti et se - mi-ni e - jus.
Abrahae promi - si - sti et se - mini, se - mini e - jus.
Abrahae promi - si - sti et se - mini, se - mini e - jus.
si - sti, promi - si - sti et se - mini, se - mini e - jus.

Nº 10. Sanctus.

Allegro.
glo - ri - a, glo - ri - a tu - - - a.
glo - ri - a, glo - ri - a tu - - - a.
glo - ri - a, glo - - ri - a tu - - - a.
glo - ri - a, glo - - ri - a tu - - - a. O - sanna in - ex
Allegro.
senza Corni di B.
O - - san - na
O - - sanna in - ex cel - - - sis! O -
cel - - - sis! O - san - na in - ex cel - - -
m.d.
m.s.
G
O - - san - na in - ex cel - -
in - ex - cel - - - sis! O - san - -
- san - - - na in - ex cel -
sis, in - ex - cel - - - sis!
G
m.d.
m.s.

- - - - - sis! O- - - - - - - san- - - - - - - - na in ex-

- - na in ex- cel- - - - - - - sis!

- - - - - - - - - - - sis! O- - - san-na

O- - - san-na in ex cel- - - - - - - - - - - - -

cel- - sis! O- - - - san- - na in ex- cel- - - - sis!

O- - - san- - na in ex- cel- - - - sis!

in ex- cel- - - - - - - sis, in ex- cel- - - - sis!

sis! O san- - - - na in ex- cel- - - - sis!

m.d.

No 11. Benedictus.

Andante.

Soprano.

Alto.

Tenore.

Basso.

Corni di B., Fag.

Andante.

mf

tr

p

Piano.

Solo.
Be - ne - dictus, qui ve - nit in
Solo.
Be - ne - dictus, qui venit in no - mi - ne Do - - mini!
no - mine Domini, in no - mi - ne Do - mi - ni!
Bene - dictus, qui
Benedictus, qui ve - nit in nomine Do - mi -
Solo.
Bene - dictus, qui
Solo.
Benedi - ctus, qui ve - nit
con Tromboni.
r
ve - nit, bene - di - ctus, qui ve - nit in no - - - - mi - ne
ni! Bene - di - ctus, qui ve - - - - nit in no - - - - mi - ne
ve - nit, be - ne - di - ctus, qui ve - nit in no - mi - ne
in no - mine Do - mi - ni! Be - ne - di - ctus, qui ve - nit in no - mi - ne

Do - mi.ni, bene.dí.ctus, qui ve.nit, qui ve - - nit in no - mi.ne

Do - mi.ni, bene.di.ctus, qui ve.nit, qui ve - - nit in no - mi.ne

Do - mi.ni, bene - di - ctus, qui ve - nit, qui ve - - nit in no - mi.ne

Do - mi.ni, bene - di - ctus, qui ve - nit, qui ve - - nit in no - mi.ne

Do - - mi - ni!

Do - - mi - ni!

Do - - mi - ni!

Do - - mi - ni!

Bl. ff Viol.

S

Be - ne - di.ctus, qui

Be - ne - di.ctus, qui

Be - ne - di.ctus, qui

Be - ne.di.ctus, qui ve.nit

Corni di Bassetto. sf p

S Viol. mf

Vcello.

Edition Peters

venit in nomine Domini!
venit in nomine Domini!
venit in nomine Domini!
in nomine Domini!
sf p sf
m.s. sf p sf
t
Benedictus, qui venit in
Benedictus, qui venit in nomine Domini!
p
u
Benedictus, qui venit in
Bene-di-ctus, qui ve-nit
nomine Domini!
Benedictus, qui
Bene-
Corni di B.

no - mi - ne Do - - mi - ni, qui ve - nit in no - - mi - ne Do - - mi -
in no - mi - ne Do - mini, qui ve - nit in no - - mi - ne Do - - mi -
ve - nit in no - mi - ne Do - mini, qui ve - nit in no - - mi - ne Do - - mi -
di - ctus, qui ve - nit, qui ve - nit in no - - - - - mi - ne Do - - mi -
cresc.
V
ni! Bene - di - ctus, qui ve - nit, bene
ni! Bene - di - ctus, qui ve - nit in no - mine Do - mi -
ni! Bene - di - ctus, qui ve - nit in no - mine Do - mi -
ni! Bene - di - ctus, qui ve - nit, in no - mi - ne
V
fp
Tromboni.
di - ctus, qui ve - nit in no - - - - mi - ne Do - - mi - ni! Bene - di - ctus,
ni, qui ve - nit in no - - - - mi - ne Do - - mi - ni! Bene -
ni! Be - ne - di - ctus, qui ve - nit in no - mi - ne Do - - mi - ni! Bene -
Domini! Bene - di - ctus, qui ve - nit in no - mi - ne Do - - mi - ni! Benedi - ctus,

W
qui ve - nit in no - mi - ne, in no - - mi - ne Do - - mi - ni! Bene-
di - ctus, qui ve - nit in no - mi - ne, in no - - mi - ne Do - - mi - ni! Bene-
di - ctus, qui ve - nit in no - mi - ne, in no - - mi - ne Do - - mi - ni! Benedi - ctus,
qui ve - nit in no - - mi - ne Do - - mi - ni! Benedi - ctus,
di - ctus, qui ve - nit, qui ve - nit, qui ve - nit in no - - mine Do - - mi -
di - ctus, qui ve - nit, qui ve - nit, qui ve - nit in no - mi - ne Do - - mi -
qui ve - nit, qui ve - nit in no - mine Do - mini, in no - mi - ne Do - - mi -
qui ve - nit, qui ve - nit in no - mine Do - mini, in no - mi - ne Do - - mi -
dol.
ni!
Trombe, Tromboni

Allegro.
Tutti.
O - - - - - - - - - - - - - -
Tutti.
O - sanna in ex - cel - - - - - - -
Tutti.
O - sanna in ex - cel - - - - - - - - sis! O - san - na in - ex - cel - - -
Allegro.
H
san - na in ex - cel - - - - - - - sis! O - san - - - na in ex -
sis! O - san - na in ex - cel - - - - - - - - - sis! O - san - - -
- - - - sis! in ex - cel - - - - - - - - - - - - - - sis!
Tutti.
O - san - na in ex - cel - - -
H
cel - - - - - sis! O - - - san - na in ex - cel - - - sis!
na in ex - cel - sis! O - - - san - na in ex - cel - - - sis!
O san - na in ex - cel - - sis, in ex - cel - - - sis!
- - - - - - - - - sis! O san - na in ex - cel - - - sis!
m.d.
m.s.
m.d.

Nº 12. Agnus Dei.

K
f
e - is re - qui - em!
Agnus
De - i, qui tol
lis pec - ca - ta mun - di,
Bl.
p
mf
ff

L
p assai
do_na, do na e - is, re - - - - qui_ em!
p
do - na e - is, do - na e - is re - qui - em!
p
do - na e - is, do - na e - is re - qui - em!
p
do - na, do - na e - is re - qui - em!
L
Viol.
p assai
M
f
A - gnus De - - - - i, qui
f
A - gnus De - - - - i, qui
f
A - gnus De - - - - i, qui
f
A - gnus De - - - - i, qui
M
Bl.
f
tol - - - - - - lis pec - ca - - - ta
tol - - - - - - lis pec - ca - - - ta
tol - - - - - - lis pec - ca - - - ta
tol - - - - - - lis pec - ca - - - ta

Edition Peters

- ce - at e - is, Do - mi - ne!
cum san - ctis tu - is in ae - ter - num, qui - a pi - - - us
O
es.
Tutti.
Lux ae - - ter - na lu -
Tutti.
Lux ae - ter - na, ae - ter - na, ae - ter - na
Tutti.
Lux ae - ter - na, ae - ter - na, ae - ter - - na
Tutti.
Lux ae - ter - na, ae - ter - na, ae - ter - - na
O
- - ce - at e - is, Do - mi - ne!
lu - - ce - at e - is, Do - mi - ne! cum san - ctis,
lu - ce - at e - is, Do - - mi - ne! cum san - ctis, cum
lu - ce - at e - is, Do - - mi - ne! cum san - ctis, cum

cum san - ctis tu - is in ae - ter - num, qui - a pi - - - us
cum san - ctis tu - is in ae - ter - num, qui - a pi - us
san - ctis tu - - is in ae - ter - num, qui - a pi - - - us
san - ctis tu - - is in ae - ter - num, qui - a pi - - - us
P
es.
es. Do - na, do - na e - - is, Do - mi - ne! do - na, do - na e - - is re -
es. Re - qui - em ae - ter - - nam,
es. Re - qui - em ae - ter - - - nam do - na, do - na
Corni.
P
Do - na, do - na e - - - is,

Do_mine! do - na, do - na e-is re - qui_em ae-ter - -
- qui_em ae-ter - - nam, do_na e - is, Do_mi_ne! do - na
do - na, do - na e - is, do - na e-is, do - -
e - is, e - is, Do_mi_ne! do - na do - na
Q
- nam, ae-ter - - nam, ae-ter - nam! et lux perpe - tu_a,
e - is, do - na e - is, do - na! et lux per -
na, do - na, do - na! et lux per -
e - is, do - na e - is, do - na! et lux per -
Q
Trombe, Timp.
et lux per_pe - tu_a lu - ce_at e - is, et lux per -
pe - tu_a, et lux per - pe - tu_a lu - ce_at e - is, et lux per -
pe - tu_a, et lux per - pe - tu_a lu - ce_at e - is, et lux per -
pe - tu_a, et lux per - pe - tu_a lu - ce_at e - is, et lux per -

Edition Peters

san - ctis tu - is in ae - ter - num,
tu - is in ae - ter - num, in ae -
num,
cum
cum sanctis tu - is in ae - ter -
S
cum sanctis tu - is in ae - ter -
ter - num,
cum san - ctis,
cum san -
san - ctis tu - is in ae - ter -
num, in ae - ter - num,
S
num,
cum
san ctis tu -
ctis,
cum sanctis
tu - is,
cum san -
num, in ae - ter -
cum san - ctis,
cum san - ctis,
cum sanctis

T
is in ae_ter - - - - - - - - - - - - - - - num,
ctis, cum san_ctis, cum san_ctis, cum san - - - - - - - - ctis,
- - - - - - - - num, cum san_ctis
tu_is in ae_ter -
T
cum sanctis tu_is in ae - ter -
cum sanctis tu_is in ae_ter - - - - - - - - - - - - - - num,
tu - - is in ae - ter - - - - - - - - - - - - - - - - - -
- - num, cum
U
- num,
cum san_ctis tu_is in ae_ter - - - - - - - - - - - - - - -
- - - - - - - - - - - num, in ae_ter - - - - - - - - - -
san_ctis tu - - - is in ae_ter - - - - - - - - - - - -
U

cum san- ctis tu- - is in ae- ter- - - -
- - - - - - - num, cum san - ctis, cum san-
- - - - - - - num, cum sanctis tu- is- in ae - ter- - - -
- - - - - - - - - - - - num, cum
V
- - - - - - - - num, cum san- - - - ctis tu- is in ae-
- - - - ctis, cum
num, cum sanctis tu - is- in- ae - ter - - - - - - - - - num,
san - ctis tu- - is in ae - ter- - - - - - - - num,
V
ter- - num, cum san- - ctis tu- - is,
san - ctis tu- - - is, cum san-ctis
in ae-ter-num, cum san-ctis tu - is- in- ae - ter- - -
cum sanctis tu - is- in- ae - ter- - - - - num, in ae - ter- - -

W
cum san_ctis tu_is in ae_ter_ - - - - num, in ae_ter_ - -
tu_is in ae_ter_ - - num, in ae_ter_ - - num, cum san_ctis tu_ -
- num, in ae_ter_ - - num, cum san_ctis tu_is in ae_ter_ - -
num, cum san_ctis tu_is in ae_ter_ - -
W
X
num, cum sanctis tu_is in ae_ter_ - - - - - - - -
is in ae_ter_ - - - num,in ae_ter_ - - - num,
num, in ae_ter_ - - num, in ae_ter_ - - num, in ae_ter_ - - -
num, cum san_ctis tu_ - is in ae_ter_ - - - - - - -
X
- - - - - num, in ae_ter_ - - - - - - num,
cum san_ctis tu_ - is, cum san_ctis tu_ -
- - - - num, in ae_ter_ - num,cum san_ctis tu_is in ae_ter_ -
- - - - - num, in ae_ter_ - num, cum sanctis

Y
cum san - ctis tu - is in ae - ter - - - - -
is in ae - ter - - - - - num, cum san - ctis
- - - - - - num, in ae - ter - - - - num,
tu - is in ae - ter - - - - - - - num, cum san - ctis tu -
Y
num, cum san - ctis tu - is in ae - ter - - - -
tu - is in ae - ter - - - - num. cum san - ctis
cum san - ctis, cum san - ctis, cum san - ctis
is. cum san - - - - - - - ctis tu -
Adagio.
num, in ae - ter - - - num, qui - a pi - - - - us es.
tu - is in ae - ter - - - num, qui - a pi - - - - us es.
tu - is in ae - ter - - - num, qui - a pi - - - - us es.
- is in ae - ter - - - - num, qui - a pi - us, pi - - - us es.
Trombe, Timp.
Adagio.

No. 6105

BACH

MOTET V

Come, Jesus, Come

Komm, Jesu, Komm

for mixed voices

New Edition by Werner Neumann
and Walter E. Buszin

Continuo Realization
by Fritz Oberdoerffer

Adaptation of English Text
by Walter E. Buszin

No. 6106

BACH

MOTET VI (Psalm 117)

Praise the Lord, All Ye Nations

Lobet den Herrn, alle Heiden

for mixed voices

New Edition by Werner Neumann
and Walter E. Buszin

Continuo Realization
by Fritz Oberdoerffer

Adaptation of English Text
by Walter E. Buszin